Cats Color By Number

This book belong to

· · · · · · · · · · · · · · · · ·

1	2	3	4	5	6	7	8
White	Gray	Red	Blue	Black	Brown	Green	Yellow

1	2	3	4	5	6	7	8
White	Gray	Red	Blue	Black	Brown	Green	Yellow

1	2	3	4	5	6	7	8
White	Gray	Red	Blue	Black	Brown	Green	Yellow

1	2	3	4	5	6	7	8
White	Gray	Red	Blue	Black	Brown	Green	Yellow

1	2	3	4	5	6	7	8
White	Gray	Red	Blue	Black	Brown	Green	Yellow

1	2	3	4	5	6	7	8
White	Gray	Red	Blue	Black	Brown	Green	Yellow

1	2	3	4	5	6	7	8
White	Gray	Red	Blue	Black	Brown	Green	Yellow

1	2	3	4	5	6	7	8
White	Gray	Red	Blue	Black	Brown	Green	Yellow

1	2	3	4	5	6	7	8
White	Gray	Red	Blue	Black	Brown	Green	Yellow

1	2	3	4	5	6	7	8
White	Gray	Red	Blue	Black	Brown	Green	Yellow

1	2	3	4	5	6	7	8
White	Gray	Red	Blue	Black	Brown	Green	Yellow

1	2	3	4	5	6	7	8
White	Gray	Red	Blue	Black	Brown	Green	Yellow

1	2	3	4	5	6	7	8
White	Gray	Red	Blue	Black	Brown	Green	Yellow

1	2	3	4	5	6	7	8
White	Gray	Red	Blue	Black	Brown	Green	Yellow

1	2	3	4	5	6	7	8
White	Gray	Red	Blue	Black	Brown	Green	Yellow

1	2	3	4	5	6	7	8
White	Gray	Red	Blue	Black	Brown	Green	Yellow

1	2	3	4	5	6	7	8
White	Gray	Red	Blue	Black	Brown	Green	Yellow

1	2	3	4	5	6	7	8
White	Gray	Red	Blue	Black	Brown	Green	Yellow

1	2	3	4	5	6	7	8
White	Gray	Red	Blue	Black	Brown	Green	Yellow

1	2	3	4	5	6	7	8
White	Gray	Red	Blue	Black	Brown	Green	Yellow

1	2	3	4	5	6	7	8
White	Gray	Red	Blue	Black	Brown	Green	Yellow

1	2	3	4	5	6	7	8
White	Gray	Red	Blue	Black	Brown	Green	Yellow

1	2	3	4	5	6	7	8
White	Gray	Red	Blue	Black	Brown	Green	Yellow

1	2	3	4	5	6	7	8
White	Gray	Red	Blue	Black	Brown	Green	Yellow

8
3
8
3
6
5
5
5
1
2
4
1
3
3
2
2
8
4
1
3
5
7
2
7
7
2
4
1   2   3   4   5   6   7   8
White   Gray   Red   Blue   Black   Brown   Green   Yellow

1	2	3	4	5	6	7	8
White	Gray	Red	Blue	Black	Brown	Green	Yellow

1	2	3	4	5	6	7	8
White	Gray	Red	Blue	Black	Brown	Green	Yellow

1	2	3	4	5	6	7	8
White	Gray	Red	Blue	Black	Brown	Green	Yellow

1
White
2
Gray
3
Red
4
Blue
5
Black
6
Brown
7
Green
8
Yellow

1	2	3	4	5	6	7	8
White	Gray	Red	Blue	Black	Brown	Green	Yellow

1	2	3	4	5	6	7	8
White	Gray	Red	Blue	Black	Brown	Green	Yellow

1	2	3	4	5	6	7	8
White	Gray	Red	Blue	Black	Brown	Green	Yellow

1	2	3	4	5	6	7	8
White	Gray	Red	Blue	Black	Brown	Green	Yellow

1	2	3	4	5	6	7	8
White	Gray	Red	Blue	Black	Brown	Green	Yellow

1	2	3	4	5	6	7	8
White	Gray	Red	Blue	Black	Brown	Green	Yellow

1	2	3	4	5	6	7	8
White	Gray	Red	Blue	Black	Brown	Green	Yellow

1	2	3	4	5	6	7	8
White	Gray	Red	Blue	Black	Brown	Green	Yellow

1	2	3	4	5	6	7	8
White	Gray	Red	Blue	Black	Brown	Green	Yellow

1	2	3	4	5	6	7	8
White	Gray	Red	Blue	Black	Brown	Green	Orange

1 White
2 Gray
3 Red
4 Blue
5 Black
6 Brown
7 Green
8 Orange